우리 시대 현대시조 100인선 52

술패랭이꽃

이승은

태학사

우리 시대 현대시조 100인선　52

술패랭이꽃

초판 인쇄 2001년 5월 28일 • 초판 발행 2001년 5월 30일 • 지은이 이승은 • 펴낸이 지현구 • 펴낸곳 태학사 • 주소 서울시 서초구 서초 2동 1357-42 • 전화 (02) 584-1740 (代) • 팩스 (02) 584-1730 • e-mail thaehak4@chollian.net • http://www.thaehak4.com • 등록 제22-1455호

ISBN　89-7626-663-3　04810 • ISBN　89-7626-507-6　(세트)

ⓒ 이승은, 2001
값 5,000원

⋅ 저자와 협의하에 인지를 생략합니다.
⋅ 파본은 구입한 곳이나 본사에서 바꾸어 드립니다.

열린시조 편집회의를 마치고 해인사에서
(앞줄 왼쪽부터 필자, 강현덕, 뒷줄 왼쪽부터 오승철, 이정환, 김연동, 박기섭, 오종문 시인) (1997)

한국시조 작품상 시상식장에서 (왼쪽부터 이정환, 정수자, 필자, 백이운, 민병도 시인) (1999)

제9회 한국시조 작품상 시상식장에서 정완영, 이근배, 이상범, 김남환 선생님을 모시고 (1999)

동해안 여행길에서(1999)

차례

제1부 시간의 비늘은 반짝인다

적벽(赤壁)에서　　　　　　　13
시간의 비늘은 반짝인다　　　14
싸락눈　　　　　　　　　　　15
머뭇대며 안기는 봄　　　　　16
화톳불　　　　　　　　　　　17
팔달교를 지나면 내가 보인다　19
봄빛 속에　　　　　　　　　　20
최씨의 하루　　　　　　　　　21
신문을 보며　　　　　　　　　22
해거름녘　　　　　　　　　　23
밀물　　　　　　　　　　　　24
몸살　　　　　　　　　　　　25
저녁의 산　　　　　　　　　　26
가을빛　　　　　　　　　　　27
강가에서　　　　　　　　　　28
아득한 식사　　　　　　　　　29
한밤중의 눈은　　　　　　　　30
빈 들녘에 서서　　　　　　　31
돌　　　　　　　　　　　　　32

꼭지점에 걸려 있다	33
비수(匕首)	34
자갈빛 솔밭	35

제2부 길은 사막 속이다

꽃의 시간	39
마음 한 벌	40
행간(行間)	41
거울 앞에서	43
밤을 털며	44
길은 사막 속이다	45
방백	46
그리움의 시	47
3월 한낮	48
풀잎의 이름으로	49
술패랭이꽃	50
분수	51
우화(羽化)·1	52
소나기	53

돌기러기 하나님	54
강	55
태엽을 감듯이	56
리모컨 생각	57
빨래를 하며	58
시간	59
유월의 강	60
소나기 한때	61

제3부 빈자리에 부치는 말

하지	65
아침의 시	66
노래	67
가을볕	68
가을 시편(詩篇)	69
첫눈 한때	71
껌에 대하여	72
끓는 물	73
수화(手話)	74

어리석은 시	75
어떤 해몽법	77
세수	78
벽	79
그날의 소	80
빈 자리에 부치는 말	81
갯벌에서	82
불면	83
발차 순간	85
8월	86
저녁놀	87
그 꽃 앞에	88
수선화	89
버섯의 노래	90
꽃샘바람	91
폐수지대, 풀꽃	92
안경을 씌우며	93
눈빛 나누기	94

해설 스침과 성찰의 시학 · 신덕룡　　　97
이승은 연보　　　111
참고문헌　　　112

제1부 시간의 비늘은 반짝인다

적벽(赤壁)에서

간밤 안개 기운이 심상치 않더니만
내 오늘 적벽에 와 뒤채는 강물을 본다
따 끝은 이런 것인가, 먼저 묻는 너의 안부.

사랑의 뒷모습은 흡사 가랑비 같다
맨눈으로 바라봐도 울컥 그리워지고
설익은 눈인사조차도 이내 젖어 드는 것을.

대나무 숲을 만나 함께 속을 비운다
죄다 드러나는 길의 상처를 보듬어 안고
마침내 바닥 모를 깊이로 가라앉는 적벽이여.

시간의 비늘은 반짝인다

가끔씩 헤아린다, 길 위에 서 있는 날을
돌아가면 돌아오고 질러오면 질러가는
그곳이 초록이거나 질척한 늪물이라도.

풀섶 이슬에 앉은 햇살을 먼저 털고
바람의 거짓말 같은 행방을 가늠하며
참으로 아스라한 인사, 이별의 말은 놓친다.

울타리를 그예 벗고 새털 구름마냥
서녘 먼 길 끝에서 등걸잠이 들 때마다
소슬한 시간의 꿈속을 걸어오던 젖은 맨발.

그래, 목숨을 긷던 우리 두레박엔
아무도 지울 수 없는 눈금이 남아 있어
길 위엔 시간의 비늘이 어디서나 반짝인다.

싸락눈

그 밤 소리 높여 울던
서늘한 목청은 남아

분분히 일어서는
애증의 흰 살비듬

비릿한 상처를 묻고
어둠마저 다 재운다.

마치 안개꽃처럼
무너지는 서정의 한때

영혼의 그물을 치며
승천을 꿈꾸지만

아직은 건널 수 없네
살얼음의 겨울 강.

머뭇대며 안기는 봄

1
네게로 가는 길은 초침 끝에 열려 있다
숨을 들이쉬고 내쉬는 순간마다
쉼없이 달려가는 나, 그런 맹목의 질주.

네게로 가는 길이 그저 아득하다는 것도
햇빛이 무섭도록 고요한 이 봄날에
비로소 허기져 아느니, 몸서리쳐 아느니.

2
겨우내 텅빈 허공을 떠돌던 나무들도
겨운 몸짓으로 푸른 잎을 밀어내고
그 오랜 기다림 끝에
머뭇대며 안기는 봄.

맑은 피를 내리던 그 숱한 밤의 적막
내 영혼의 맨발을 씻고 또 씻어 보아도
마른 재, 마른 재 날리는
눈물 속에 환한 봄.

화톳불

새해 벽두
인력시장
여남은 사내들이
저마다 하나씩의
갈비뼈를
추스려 낸다
쟁쟁한 공기를 가르며
타오르는
저 불꽃.

한사코
세상 쪽으로
더운 귀를 열어 놓아도
불김을 쪼일수록
허기지는
아랫도리
또 하루
공치는 날의

여윈 살만 태우다 간다.

팔달교를 지나면 내가 보인다

분지의 허리께를 멈칫대며 흘러가는

강물의, 저 아득한 시간 속에 내가 선다

아무런 다짐 없이도 아침의 창은 열리듯.

낯설어 처음에는 눈도 못 뜰 풍경이더니

이제는 아는 체하며 속엣말을 건네주고

하늘은 포도주를 빚는다, 팔거천의 저녁 한때.

발효된 술빛깔로 가로등이 켜지면서

저만치 내달리는 불빛 나무 다 헤치고

살아갈 세월의 눈금을 움켜쥐는 손이 있다.

봄빛 속에

시간의 빗장을 풀면
확, 끼치는 물비린내
덧바른 창호지에 연거푸 구멍을 내듯
바람은 그렇게 분다, 세상이 환히 열리는 날.

조금씩은 젖어 있는 생(生)의 가장자리를
헛된 그리움만 무성히 자라나서
다 삭은 두레박줄 하나
슬그머니 당겨도 본다.

최씨의 하루

잔뼈가 굵으면서 배워 온 이 틀질도
사양길로 접어든 지 꽤 오래 되었다고
쓴웃음 반을 섞어서 가게 문을 여는 최씨.

성긴 잠의 머리맡에 걸어놓은 틀 하나로
목숨의 실밥을 따는 두어 평 안식의 공간
아내는 시침질도 겨워 문지방을 그예 넘고……

바늘귀 환히 열어 실을 꿰고 앉히는 매듭
낡은 재봉틀에 허기진 가계를 얹고
또 하루 순명의 시간을 박음질로 달랜다.

신문을 보며

한 장의 부고처럼 날아든 아침 신문 눈 비빌 겨를 없이 가슴 속을 훑고 가고 버릴 것 죄다 버려도 남을 것은 남습니다.

잘 다스린 부스럼도 가끔씩은 덧이 나서 세상의 시름조차 웬만큼은 간물이 들고 옹이진 매듭 하나를 언 가슴에 놓습니다.

해거름녘

마지막 비늘을 떼듯
산그늘이 내리고 있다
영혼마저 훑고 가는
물과 불의 길모퉁이
숨죽인 못물이 물컹,
눈썹 끝에 잡힌다.

서녘 해를 등지고 선
겨울산 어름에서
가랑잎에 한 줌 안긴
늦눈의 온기 같은,
깊고도 아득한 고요
내 발치에 눕는다.

밀물

순수 원액으로 농축된 피의 무게 이제는 알 것 같네, 그 피의 응고점을 단숨에 달음질쳐 오는

먼 길 끝의

두 영혼.

몸살

차마

말로는 못할

앙금이 저리 앉아

기진한 몸뚱아리, 끓어오르는 황사

그 무슨 인연의 죄 있어

채찍 들어

치시나.

저녁의 산

저물 녘 산그늘에
더운 피를 식히느니

멈칫대는 먼 길 끝의
말문 떼는 아이처럼

두어 번 덧창을 흔드는
바람소릴 듣는다.

어둠을 기다렸다가
조심스레 오는 실비

가만한 그 몸짓에도
골짜기는 푸르르 떨고

그제사 세상의 일들이
몸밖으로 빠져 나온다.

가을빛

영양 지나
봉화 쪽으로
가을빛도 내달린다

바람이
흔들고 가는
늙은 수수밭 가에

조금씩
제 살을 말려
물들 만큼은 물이 드는,

강가에서

이쯤에서 바라뵈는

저 세상은 눈물겹네

길게 누운 강물 너머

웃자란 갈대의 숲

섞이고 뒤채는 몸짓,

우리 생(生)도 저무네.

아득한 식사

당신의 밥을 먹기엔 길이 너무 아득하다

갈증과 허기를 갈아 국물은 희어지고

소금에 상처를 씻듯 다 비워낸 그릇 하나.

일회성의 나무 젓가락 가지런히 놓아 둔 채

다시 어느 하오의 뒤안길을 돌아나오면

웃자란 밀밭 너머로 상심의 그늘도 깊다.

한밤중의 눈은

누가 예리하게 어둠을 잘라낸다

백만분의 일쯤으로 조각난 기억들이

투명한 레이스마냥 공중에서 나풀거린다.

순간, 내가 까무라쳐 하얗게 질러대던

단말마의 눈송이가 온밤을 덮고 나면

뉘 몰래 귀를 적시는 푸른 새벽의 종소리.

빈 들녘에 서서

볏단 다 거둬 들인 휑한 사려의 들녘

가을은 무한량의 햇살을 퍼부어도

잦아든 못물만큼은 마음 따라 보챈다.

가진 게 늘 부족해 외로웠던 우리들은

황금의 시간 속에 영혼을 닦아놓고

비어서 더욱 충만한 먼 들녘을 건넌다.

돌

세상이 놓쳐 버린 돌 하나 거기 있다
기름띠가 둘러쳐진 인연의 풀섶 아래
이름도 부르지 못한 채 젖어 우는 돌이 있다.

당신의 눈길 속에 그런 돌이 된 후
강물에 눈을 씻고 달빛에 몸을 꺾으며
다시 또 돌아올 천년, 기다리는 돌이 있다.

꼭지점에 걸려 있다

내 몸속 물이 풀리면
저렇듯 달이 뜬다

이만한 거리에서
또 저만치 물러앉는

사랑은 삼각형에 갇힌
꼭지점에 걸려 있다.

한강의 시린 허리를
휘감으며 쏟는 달빛

하염없이 엉겨붙는
강 건너 저 남녘을

눈길이 짓무르도록
나, 오래 지키느니.

비수(匕首)

그리움의 정점에서

칼은

살아 있다

향기로운

피의 흔적

씻어 말리는 아침

꽃들은, 순간 환하다,

치사량의

독이 번지듯.

자갈빛 솔밭

반쯤 그늘이 내린 낡은 절집 문밖
솔잎에 부서지는 부질없는 말조차도
가만히 귀를 주시는, 그 허물 탓하지 않는,

형형한 눈길 언저리 부신 자갈빛에
우쭐해서 떠다니던 시 몇 줄 부려놓고
나 이제 겨울 소나무 기대어 살까 보다

제2부 길은 사막 속이다

꽃의 시간

무수히 잘린 채로 바구니에 담겨 있는,

그저 한 사나흘 뒤채는 꽃의 시간

은밀히 목숨을 거두는 신의 손이 보인다.

마음 한 벌

1
뙤약볕 분지를 찾아
손채양을 하고 오셨네

처음 끓여 드린
한 그릇 미역국 앞에

무늬도 닮은꼴이 된
마음 한 벌 나눠 입었네.

2
나눠 입을수록
차츰 가려워 오는,

입김만 슬쩍 닿아도
속엣마음 다 들키는,

한 치도 어긋남이 없네
그 목숨의 마름질.

행간(行間)

1
어줍은 내 덧니로
깨물어 본
말의 행간

아리고 신 것들이
다투어
말문을 터도

잘 익은
몇 마디 말은
씨앗으로나
받을까.

2
요즘의
말과 글은
인플레이션 목록이다

때 절어 너절해진
의식의
한 귀퉁이

톡 치면
와삭 금이 갈
유리잔에
넘치는 시.

거울 앞에서

풀어 놓은 이삿짐마냥 생각마저 어지러울 때
삶의 갈피마다 피멍 잦아들 때
참빗을 꺼내 앉는다
마음 뉘어 빗질한다.

그제서야 눈이 열릴까, 두 손 비벼 보지만
때묻은 말과 몸짓 거울 속에 달라붙고
헛짚은 시간의 구렁 속
잡풀만이 무성하다.

밤을 털며

가슴에 가시를 꽂고도
휘달려 갈 수 있는
지리산 능선쯤의
속절없는 사랑이었네
온몸의 피를 내리며
가을 속에 벌고 있는,
정수리를 내려 찍는
그 혼절을 견뎌 내고
끈적한 눈물 같은
세상을 건너와서는
마침내 곁에 와 눕는
황홀한 분만이여.

길은 사막 속이다

저 끝없는 보행,
길은
사막 속이다

연신 무너지고
다시 곤두설 때

빛 바랜
인화지 같은
한순간이 찍혀 있다.

방백

정수리에 숨어 있다 관자놀이를 툭, 건드린다

아찔한 느낌표는 무심결에 찍히지만

가끔씩 두통의 증세로 뒤척이는 그, 몸살.

한나절 뙤약볕에 다 드러난 목마름이

때 아닌 오한으로 온밤을 헤집어도

쓴 약의 효험을 보듯 내 앞에 또 환한 그대.

그리움의 시

내 이마를 관통하는
순간의
고압 전류

온몸의
피가 빠지듯
막막한 현기 속에

아슬한
별빛이던가,
그대 홀연히 있다.

3월 한낮

  햇살은 주홍 레이스, 속살 환히 드러낸 채 우체통에 가지런히 발 모으고 앉았다가 그 풀빛 짙어올 사연 가만 새겨 듣는가.

  저리 부신 햇살 속에 깨끔질을 해 보지만 그립다는 그 한 마디 속달로도 더디 오고 겉봉을 뜯기만 해도 눈물 고여 내릴 편지.

풀잎의 이름으로

그윽히 바라보다 가슴 베이고 만다

스치는 한 오라기 풀잎의 이름으로

목숨과

바꿔도 좋을

긴 긴 봄날의 상처.

술패랭이꽃

1

이름만 불러봐도 취할 듯 젖어드는, 다 열어 뵈주시던 그 마음의 빛깔인가 낯선 곳 산자락 밝혀 노을 속에 피는 꽃.

2

느닷없는 재채기는 숨길 수도 없는 것을, 모진 바이러스에 나는 또 신열을 앓고 맞닿은 영혼만큼은 눈빛 맑혀 주는 꽃.

분수

일순
솟구치며
찢어지는 물줄기여

승천의 물무늬만
환한
생의 길목

쓰러져
되솟아나는
함성만이 자욱하다.

우화(羽化) · 1

산이라면
저 남녘 산
그 산턱에 나앉아서
마냥 겨운 봄의
초록에도 눈이 멀고
한세상
붉은 오랏줄에
내 발목을 내주었다고.

그 오월의
이슬비에도
개울은 넘쳐 흘러
맨발로 휘달려 간
아득한
벼랑 끝에서
기막힌 허물을 벗는
한 장 꽃잎의 혼절.

소나기

여윈 천리길이 뿌옇게 지워지도록 강물도 저 큰 산도 옮길 만한 그리움이 첫여름 그 초록에는 그리 무성했습니다.

하늘 못물마다 터져나온 이 물기둥 힘줄보다 시퍼렇던 한(恨)마저 삭혀 내고 세상의 취기를 흔들어 일깨우던 강이었습니다.

돌기러기 하나님

어느 물가에서 주웠다는 돌멩이가 먼 곳에 눈을 주는 맞아, 돌기러기였어

한사코 내 품에 안겨와 파묻는 그 날갯죽지.

쏟아낸 말의 거품을 말끔히 닦아내면 갠 날 하늘빛 같은 거울 하나 거기 있어

보이네, 오두마니 앉은 돌기러기 하나님이.

강

시간의 한복판을
깊고 붉게
흐르는
강

고통의
문신 같은
저물 녘
산 그림자

온전히
다시 헹귀선
그 기슭에
부린다.

태엽을 감듯이

그리운 것은 모두, 분분히 휘날려라
다 써 버린 그 하루치 시간을 되짚으며
풀어진 태엽을 감듯이
피도 죄어 오느니.

실비는 수채화처럼 투명히도 오는 것이
처음 눈맞출 때 부신 빛도 빛이지만
천천히 태엽을 감듯이
길고 오랜 날의 충전.

리모컨 생각

뉴스 진행 중에 갑자기 드라마라니,
필름이 끊기면서 이어진 엉뚱한 장면
도무지 어쩌지 못할 전지전능의 손이 있다.

숱한 내 생각들이 무시로 흔들리고
전자파에 일렁이는 낱낱의 뇌세포가
일제히 한 곳을 향해 열렸다간 닫힌다.

아슬히 건너야 할 외줄 하나 걸어 놓고
진눈깨비 세상 밖에 위태롭게 나앉아도
절망의 비밀번호를 거두어 가는 손이 있다.

빨래를 하며

후줄근한 어제를 벗어
수돗물에 담궈 놓고

더도 덜도 아닌
우리 삶의 무게

애증의 거품을 풀어
헹궈내고 있다.

헹굴수록 허기지는
얼굴들이 일렁이고

그리움의 체적만큼
밀리는 잔 물결에

씻어서 환한 시간이
말갛게 뜨고 있다.

시간

종종걸음 치며 살다
때로는 휘청거리다
환한 햇살 속에
한 뼘 그늘로 앉고
벼랑 끝 어지럼증마냥
부서지는 언약이다.

작은 물줄기로
얼마쯤은 흐르다가
더러는 저 강기슭
모래알로 반짝이고
고인 채 썩는 인업(因業)의
물웅덩이 되기도 한다.

유월의 강

곱게도 흐드러진 꽃잎을 추스르며
외진 내 꽃길을 환히 여는 눈빛인가
잘 닦인 늑골 하나가
여름으로 몸을 튼다.

눈물 끝에 반짝이는 물이랑을 따라가면
꿈꾸던 시간들이 물살로나 일렁이고
햇살은 장조의 음계
구김없이 흘고 있다.

소나기 한때

짙푸른 그 대밭이 일시에 무너져서

세상의 풀잎이란 풀잎이 다 조아리고

커다란 단죄의 칼 하나

섬광 속에 박힌다.

제3부 빈자리에 부치는 말

하지

지루한 땡볕 아래 고요마저 숨이 막혀

한때의 불화살도 저리 지쳐 꺾이느니

저 혼자 눈부신 것만 눈부시어 가는가.

그 오랜 가뭄 끝의 시장기도 견뎌 내고

어둠이 씻긴 자리 창을 닫아 걸어도

들풀은 가장 푸르른 한 시절을 맞는다.

아침의 시

1
마치
여름바다의
진저리치는 이마처럼
생각의 창을 닦아
아침은 저리 열리고
손뼉쳐 날아오를 듯
환히 찍힌
햇살 무늬.

2
다만
한 획[一劃]의 삶
절반쯤은 여의어도
날마다 풀꽃들의
이름을 불러 주며
남은 날
못다 한 사랑,
낚대 끝에 찌가 떤다.

노래

  예정된 운명처럼 일순 길은 끊어지고 가로지른 벼랑 끝에 곤두박히는 시간 허욕의 망막 가득히 피를 찍어내던 것을, 이대로 이냥 이대로 흙이 된다 할지라도 끝내는 품어야 할 내 울음 속 울음의 뼈 한 시절 그늘도 환히 트여 오는 노래 있다.

가을볕

지상의 어떤 길도

방위가 묘연하다

잠자리 떼로 날던

무심한 저 가을볕

물이랑 어느 한 자락

다치지를 않는다.

가을 시편(詩篇)

－낮달
차창 밖 풍경 속을 마구 달음질쳐도
휑하니 앞질러 간 바람의 여윈 길섶
누구도 훔치지 못할
눈빛 하나 걸려 있다.

－감
그날의 놀빛으로
서너 개 감이 익는다
꺾인 아픔 잊고
온전히 꿈은 남아
휘굽은 가지 끝으로
온 만큼은 또 가는 가을.

－저문 날
한 잔 술로 휘저어 놓은
내 오욕의 오장육부
저문 날 내린 슬픔의

그늘까지 다 적셔도
오, 그대 희디 흰 상처는
잔양처럼 부시다.

―낙과
팽팽히 당겨 놓은 현 끝을 거머쥔 채
한 철 퉁겨오던 가락마저 잦아들고
사랑도 절망의 힘도
놓쳐 버린 한순간.

첫눈 한때

 방금 소포로 받은 한 아름 꽃묶음을 꿈꾸듯 아주 잠시 꿈꾸듯 풀어 놓고 네 생각 아득한 길섶을 휘달려 온 저 눈발.

 차라리 그리움은 모진 목숨의 덫 사랑에도 없는 길을 서슴없이 열어가며 미닫이 성긋한 틈에 안개꽃만 뿌옇다.

껌에 대하여

그냥 심심풀이로 발겨질 때 발겨져서

단물이 빠져나가는 한동안의 질겅거림

어차피 사리는 못될 것, 시커멓게 늘어붙는다.

끓는 물

꼭지를 달각거리며 쉼 없이 보채다가

아득한 현기 끝에 끓어 넘치는 포만

가쁘게 물어 올리는

속엣말을 듣는다.

수화(手話)

허공을 가르던 소리, 낱낱의 꽃이 된다

혀가 놓친 말들이
저리 선연히 타올라

살아서
더욱 뜨거운
피가 돌고 있으니……

어리석은 시

1
헝클린 실타래마냥
길은 구겨지고

어디쯤서 시작해서
소나기를 몰고 왔나

섬뜩한 냉기에 터지는
내 어질머리의 몸살.

2
타 놓은 꿀물 한 잔
아차, 엎질러서

증발된 수분 속에
고여 있는 끈적임을

불개미 한 떼가 와서
죄다 뜯어 발긴다.

3
얼마쯤의 물에 풀리는
세제의 습성처럼

쏟아져 뒤섞인 시간
거품만이 홍건하고

한동안 부글거리다
다시 환히 열리는 길.

어떤 해몽법

1
차 한 잔을 재촉하듯 물은 끓고 있다
전화벨은 끊임없고, 여자는 편지를 쓰고,
끓는 물 수증기 사이로 타고 있는 저녁놀.

2
유리잔 옆에 안경, 또 그 옆에 수첩
무심한 뉘 손끝에 와싹 깨어진 잔
수첩엔 글씨가 번지고, 안경테는 금이 가고

3
터진 수도꼭지 밤새 물은 넘치고
쉼없이 짚어가는 숫자판만 어지럽다
이제는 잠귀도 될까, 그 오래고 독한 허기.

세수

습관의 노동을 위해
이 아침,
손을 씻는다
상심한 물줄기를
시리게
뒤섞으며
또 하루
맹목의 맹서,
열 손가락
힘을 푼다.

벽

하루에도 몇 번인가 피를 찍듯 금을 그었다

그 패인 자리에서 스스럼없이 잡풀이 돋아

웃자란 상심의 높이, 몇 갈래 길 나뉘었다.

흐린 시력으로는 넘지 못할 강물이 흐르고

감히 탓할 수 없는 이만큼의 거리를 묶어

층층이 쌓아 올렸다, 내 비릿한 시간을 물고.

그날의 소

화면에
클로즈업된

붉은
저 눈자위

호스로
쏟아지는

오욕의
물기둥 앞에

말한다,
소는 눈으로

그 처형의
핏발을.

빈 자리에 부치는 말

젖니가 쏘-옥 빠진 어린것들의 치열에서 가뭄에 드러난 논두렁을 본다 자꾸만 바람이 빠져나가는 가슴을 말없이 쓸어주시던 어머니, 그 순명의 어깨쯤에 맴도는 허망을 본다

큰놈은 윗니가 둘 아랫놈은 아랫니가 둘 어느날 흔들리더니 차츰 잇몸이 무너지고 마침내 앙증스런 분화구를 남기느니 불그레한 그 자리 아, 그렇구나 때가 되면 삼라만상이 이렇듯 제 자리를 비워주느니

어머니, 당신의 자리에 겨운 삶을 앉힙니다.

갯벌에서

보라, 끝간 데 모를 혼돈의 늪이 누워
떨어진 해를 품나니 왼 하늘을 붉히나니
아, 저기 썰물에 쫓겨간
그림자만 남은 곳.

벌겋게 드러난 상처, 지금은 밤이어도
생각에 물이 들듯 다시 아침이 오면
죄 아닌 죄명을 씻고
돌아오리니, 그 바다는.

불면

1
산란기 청어 떼의
비릿한
뒤척임으로
검푸른 물그늘 속
어둠을
뚫고 나와
이 한밤
강을 건넌다
섬이 되어 앉는다.

2
닫혀 있는
모든 것을
문이라 이름하고
기다림의
쇠빗장을
가로질러 놓아도
내 한몸

피를 내린 채
닿지 못할 벼랑 있다.

발차 순간

참으로 먼, 그리하여 간절한 그 거리를

마음은 늘 보내놓고 보채던 그 거리를

이제는

부르튼 내 입술

갈망의 잔을 드네.

8월

한철 그리움의
성냥
두어 개비

불을 물리느니
환하고 간절하게

숨겨 둔
꽃씨 한 줌을
불꽃 속에 던지며.

저녁놀

그를 사랑하는 지고한 이 형벌을
끝내 감당치 못하고 이냥 죽고 만다면
그렇지, 저리 처절한
노을 빛깔 되리니.

몇 번이고 까무러치다 푸르게 멍이 맺혀
못 다한 내 그리움의 저무는 언저리에
저렇듯 하루 한 번씩
혼절하는 울음이리.

그 꽃 앞에

한 번 더 그 나이를
불러올 수 있다면

초록 언저리에
이렇듯 무릎을 꿇고

붉어서
더 붉지 못할
첫울음을 울련만.

수선화

호리병 맑은 물에
진초록을
다 헹구고

아침 창문가에
눈발이 희끗거리듯

그 숨결
갓 스물 향기
두어 장 꽃이 된다.

버섯의 노래

그대 넘나드는
울타리 안 꽃들 좀 봐

날이면 그 날마다 건네주는 눈길 속에 초록은 숨을 쉬고 또 그 속에서 향기는 늘 보채지만, 그대 부신 마음 건너 나 여기 끝 모를 기다림의 그늘 삭혀도 새 아침 이슬에 훌훌히 홀씨 흩는 기쁨 있어

그림자 한 장 없이도
하늘 가득 이고 살지.

꽃샘바람

그저 다 비운 채로
동천(冬天)을 휘젓더니
나뭇가지 끝에 머리 푸는 햇살 좀 봐
눈 맞춰 싹 틔우느라 정신없는 모양 좀 봐.

온밤을 뒤척이며 우 – 우 – 울었어도
아랑곳하지 않고 꽃망울을 틔우느니
난 그만 봉두난발의
칼바람이 될 수밖에.

폐수지대, 풀꽃

태양도
귀 멀어서
아침을 듣지 못하고
여기 흙도
기관지염에
탄식을 잊고 있다

생인손
곪아터지듯
피어 있는
꽃·을·본·다.

안경을 씌우며

어린것의 시야를 가린
무수한 안개 입자

무시로 흐느적이던
내 한 생이 꺾여 있다

말갛게 헹구지 못한
서걱임도 섞여 있다.

눈빛 나누기

1
꽃 피는
한순간을
차마 가누지 못해
쓸쓸한 아픔 끝에
강물 한 자락
풀어 놓고
그 강물 어느 물굽이
그 물길로 여닫는 문.

2
내 불면의
기슭마다
어김없이 찾아와서
찬물
한 바가지
이마에 들이붓고는
향기도 기척도 없이
멀어지는 그림자.

3
온 산을
칼질하며
후두둑 지나가는
한 줄금
소나기도
함께 맞고 싶다
둘이서 하나이고자
하나면서 둘이고자.

4
맑은
저 하늘길을
그대 함께 걷고 싶다
남도 철길을 따라
노을 속을 가노라면
어둠 속 별자리마냥
거기 있을
우리 자리.

5
봉숭아
곱게 찧어
약지 끝을 봉해 놓고
한밤
자고 새면
그 손톱에 꽃물 앉듯
따스한 눈빛 거두어
물들여 본
그대 안부.

해설 ## 스침과 성찰의 시학

신 덕 룡

문학평론가, 광주대 교수

1

이승은의 시집을 읽으면서 내내 생각한 것은 속도감이었다. 우선, 그의 시에는 오늘날의 삶을 특징짓는 발빠른 변화가 없다. 길거리 인파 속에서 수없이 어깨를 부딪히는 걸리적거림도, 헬멧을 쓰고 달리는 오토바이 족의 아슬아슬한 곡예도 없다. 백화점이나 시장바닥의 아우성도 없다. 대신 한가한 오후에 천천히 들길을 걸어가는 산책자의 모습만 있다. 이러한 사실이 이 시인으로 하여금 세상살이에서 벗어나 있는 은둔자의 모습을 띠게 하지는 않는다. 다만, 오늘날의 삶이 속도감으로 채워져 있고, 많은 시인들이 여기에 직·간접적으로 연관되어 있다는 사실에서 비껴나 있음을 말해준다.

남보다 빨리 목표지점에 도달하려는 그래서 뛰어갈 수

밖에 없는 자의 삶이란 속도 그 자체 속에 존재한다. 뛰면서 느끼는 가쁜 호흡과 가슴을 압박하는 통증, 성급한 마음을 따라가지 못하고 휘청거리는 다리와 이대로 주저앉아서는 안 된다는 초조감이 삶 전체를 지배한다. 이런 삶 속에 앞과 뒤 그리고 좌우를 고려하거나 함께 뛰는 사람들의 고통을 이해할 수 없다. 오로지 지금 현재의 순간만 존재할 뿐이다. 그러나 이승은은 여기서 한참 비껴나 있다. 그는 앞 뒤 좌우를 살피면서 천천히, 아예 신발을 벗은 채 맨발로 걸어간다. 그의 시집을 읽으면서 떠오른 생각이 있다면, 맨발로 들길을 걷던 유년의 추억이다. 논과 밭에서 느꼈던 꼼지락거리며 발가락 사이를 삐져 나오던 진흙의 간질거림, 풀밭에서의 부드럽고도 서늘한 감촉, 작은 돌멩이들이 발바닥 이곳 저곳을 압박해오던 즐거운 통증, 한낮의 철길 위를 걸으며 느꼈던 따가움 등등의 기억이다. 오랜 시간이 흘렀어도 이와 같이 발바닥으로 전해오던 사물들의 감각은 우리의 온몸으로 퍼져 몸 전체의 기억으로 남아있다. 이런 느낌은 나와 사물과 세상이 맞닿아 있다는 몸의 감각을 열어준다. 세포의 숨구멍 하나 하나가 살아있고 그 숨구멍을 통해 자신의 모든 삶을 받아들이는 여유로움이 있다. 이렇듯 온 몸으로 열어 제친 '감각'에 의해 포착된 세계와, '여유'를 통해 얻어진 삶의 모습을 보자.

2

이승은의 시에서 두드러지게 나타나는 특징이 있다면, 온몸의 감각을 열어 자연을 받아들이는 맑은 영혼이 지닌 힘이다. 이 힘은 그의 시에서 자연이나 사물의 숨은 본성을 펼쳐 놓기도 하고, 예기치 않은 기쁨으로 나타나기도 하고 때론 격정적인 모습을 보여주기도 한다. 다음의 시에서 보이는 놀라움과 신선함이 그것이다.

그리움의 정점에서

칼은

살아 있다

향기로운

피의 흔적

씻어 말리는 아침

꽃들은, 순간 환하다,

치사량의

독이 번지듯.

―「비수(匕首)」 전문

　이 시는 '칼' '피' '독' 등의 어휘에서 짙은 죽음의 이미지를 풍기고 있다. 어두운 이미지들이 바탕에 깔려 있다. 그러나 이 시의 주체는 '그리움'과 '환하다' 사이의 거리가 일시에 통합되는 데서 오는 기쁨이다. 무엇이 이런 기쁨을 느끼게 하는가? 새로운 생명의 탄생이다. 죽음을 빌어 탄생의 환희를 노래하는 셈이다. 한마디로 꽃봉오리에서 꽃으로 피어나는 존재변화의 과정이다. 꽃 피우기 이전의 시간적 배경이 밤이란 사실과 꽃 피운 시간이 아침이라는 상황설정의 중간에 죽음이 놓여 있다. 꽃봉오리로서의 죽음이요 동시에 꽃으로서의 탄생인 셈이다.

　또한 그리움이 결핍에서 온다는 사실을 상기해보자. 꽃봉오리의 그리움이란 만개(滿開)를 향한 욕망에서 우러나온다. 이런 욕망은 "몇 번이고 까무러치다 푸르게 멍이 맺혀", "하루 한 번씩/ 혼절하는 울음"(「저녁놀」에서)처럼 절박한 것이기도 하다. 더 이상 꽃봉오리일 수 없다는 존재인식의 정점에 그리움이 놓여 있는 셈이다. 이와 더불어 꽃봉오리에서 개화(開花)로의 존재전이의 순간, '칼'이 나타난다. 여기서 칼이란 새로운 우주와의 날카로운 스침의 순간을 상징한다. 그 스침을 통해 새로운 존재가 태어나는 것이다. 다음 순간, '꽃들'이 '치사량의 독이 번지듯' 독하게 향기를 뿜어내며, 환하게 존재증명을 하는 셈이다. 이런 점이 "한 잎 한 잎 한 하늘이 열리고 있"(「開花」)다는 이호우나 "봄에/ 가만 보니/ 꽃대가 흔들린다"(「중심의 괴로움」)는 김지하의 생명 탄생과 달리 그 스스로 전과정에 동참하고 있는 이승은 고유의 독특한 어법을 만들어낸다.

이렇듯 온 몸의 감각으로 사물을 대하는 이의 날카로운 감성과 직관은 심적 내용과 사물 사이의 소통과정을 다음과 같이 풀어내기도 한다.

> 그윽히 바라보다 가슴 베이고 만다
>
> 스치는 한 오라기 풀잎의 이름으로
> ―「풀잎의 이름으로」부분

> 네게로 가는 길이 그저 아득하다는 것도
> 햇빛이 무섭도록 고요한 이 봄날에
> 비로소 허기져 아느니, 몸서리쳐 아느니
> ―「머뭇대며 안기는 봄」부분

풀잎에 가슴을 베이는 예민한 감성과 허기짐 속에서 '무섭도록 고요한 이 봄날'을 맞는 시인의 감각이 시 전체에 걸쳐 생동감을 불어 넣는 요소로 작용하는 것이다. 그의 다른 시편을 보자.

마지막 비늘을 떼듯
산그늘이 내리고 있다
영혼마저 훑고 가는
물과 불의 길모퉁이
숨죽인 못물이 물컹,
눈썹 끝에 잡힌다.

서녘 해를 등지고 선
겨울산 어름에서
가랑잎에 한 줌 안긴
늦눈의 온기 같은,
깊고도 아득한 고요
내 발치에 눕는다.

―「해거름녘」 전문

  우리가 이 시에서 주목하는 바는, 해질 녘의 쓸쓸함이 아니다. 오히려 해질 녘 들판 위에 자리하고 있는 존재의 아름다운 모습들이다. 산 뒤로 저녁노을이 펼쳐지고 그 노을이 못물에 반사되어 황홀하게 반짝이고 있다. 그리고 시인은 그 풍경 속에 그림처럼 서 있다. 움직임이라고는 없다. 낮과 밤이 교차하는 순간에 펼쳐지는 그 풍경이 마치 넋을 빼갈 듯이 아름다워 시인은 "영혼마저 훑고 가는"이란 표현을 하고 있다. 그렇기에 저녁답의 겨울산은 이제

더 이상 쓸쓸하거나 황량하지 않다. 황혼을 배경으로 펼쳐진 겨울산과 반짝이는 못물과 가랑잎에 얹혀 있는 늦눈……, 시인 스스로 "영혼마저 훑고 가는/ 물과 불의 길모퉁이"에서 "깊고도 아늑한 고요"를 만들어내고 있는 셈이다.

  이렇듯 겨울저녁의 풍경을 생생하게 만드는 것은 '물컹'이란 감각어를 통해 풍경 전체를 '눈썹 끝'으로 받아들이는 인식의 놀라움에서 비롯한다. 다시 말해서 황량하고 쓸쓸한 겨울산의 황혼을 촉각적 이미지로 형상화하면서 따뜻하고 온화한 저녁풍경으로 바꾸어 놓는 것이다. 그 힘은 어디서 오는가. 한 마디로 세계를 온몸의 감각으로 받아들이고 나아가 스스로 그 세계의 일부가 되게 하는 영혼의 따뜻함이다. 이러한 그의 태도가 시에서 언어를 최대한 절제하면서도 큰 폭의 울림을 낳는 바탕이 되고 있다.

  3
  걷는다는 것은 살아있다는 것이다. 살아 있음을 느끼면서 살아가는 이유를 발견한다. 목적지에 빨리 갈 이유가 없다. 어느 누구도 빨리 가기 위해서 걷지는 않는다. 자기 자신과 주변을 돌아보며 더불어 사는 삶을 생각하고 싶어 천천히 걷는 것이기 때문이다. 삶 자체가 아름답거나 풍요로워서가 아니다. 곤고한 삶이라 할 지라도 그만큼 여유롭게 자신의 삶을 성찰할 수 있다는 의미에서다. 다음의 시를 보자.

> 저 끝없는 보행,
> 길은
> 사막 속이다
>
> 연신 무너지고
> 다시 곤두설 때
>
> 빛 바랜
> 인화지 같은
> 한순간이 찍혀 있다.
>
> ―「길은 사막 속이다」 전문

 시인은 삶 자체를 '끝없는 보행'으로 생각한다. 더욱이 그 길은 '사막' 위에 펼쳐져 있다. 한낮의 뜨거움과 갈증, 무서운 모래바람과 한밤의 추위, 방향을 알 수 없는 막막함과 아득함…… 어느 하나 살아갈 조건이 되지 못한다. 이런 사막 위에서 끊임없이 걸어가야만 한다는 삶의 인식 저변에는 살아가는 자의 고통이 깔려 있다. 시인은 고통스러운 삶의 여정을 "연신 무너지고/ 다시 곤두서"는 것으로 말하고 있다. 끊임없는 계속되는 고통과 좌절, 이를 극복하는 과정의 반복이 우리 삶의 모습이다. 그렇다면 시인은 삶을 허무로 보고 있는가?

  중요한 것은 삶에 대한 인식이나 비유가 아니라, 이런 삶의 의미를 만들어가는 태도에서 온다. 그의 삶에 대한 태도는 처절하리만큼 단호하다.

    하루에도 몇 번인가 피를 찍듯 금을 그었다
—「벽」 부분

    쓰러져
    되솟아나는
    함성만이 자욱하다.
—「분수」 부분

  위의 구절들은 그의 삶에 대한 태도를 보여주는 낯익은 예이다. '피를 찍듯' 금을 그으며 살아간다는 절박성과 쓰러질수록 '되솟아나는' 함성 속에 보여지는 끈질김이 그것이다. 인간의 삶이 아름다운 것은 '피를 찍듯' 절박한 가운데에서도 자신의 생을 살아가는 데서 온다. 이 절박함이 나아가 절망으로 바뀐다 해도 달라질 것은 없다. 하루하루의 삶이 절망적이라면 그것을 받아들이고 또 이기며 살아간다는 것은 의미 있는 일이다. 「분수」에서 보듯 위로 솟구친 물은 아래로 떨어지기 마련이다. 마찬가지로 위로만 솟구치는 것만이 물의 속성이라거나 존재이유가 아니라는 것이다. 위로 올라가면 밑으로 떨어져야 한다는 간단한 이치와 같다. 밑으로 떨어졌기에 다시 솟구칠 수 있다는 반전의 논리, 이것이 「사막」에서 말하고 있듯, "빛 바랜/ 인화지 같은/ 한 순간"일지라도 그 순간을 의미 있게 만드는 것이다. 끊임없는 추락과 절망이 운명이며 숙명이라 할지라도 살아야 할 이유가 성립되는 것은 이 때문이다. 이웃들의 삶으로 눈을 돌려보자.

> 새해 벽두
> 인력시장
> 여남은 사내들이
> 저마다 하나씩의
> 갈비뼈를
> 추스려 낸다
> 쟁쟁한 공기를 가르며
> 타오르는
> 저 불꽃.
>
> 한사코
> 세상 쪽으로
> 더운 귀를 열어 놓아도
> 불김을 쪼일수록
> 허기지는

이승은 연보

1958년　서울에서 태어남.
1977년　진명여고 졸업.
1979년　동국대 국문과 재학시절 전국민족시 백일장에 장원으로 등단. 문공부 장관상을 수상.
1980~1984년까지 진명여고 재직.
1990년　제1시집 『내가 그린 풍경』 간행.
1992년　제2시집 『시간의 물 그늘』 간행.
1995년　제3시집 『길은 사막 속이다』 간행.
1999년　9회 한국시조 작품상 수상.
2000년　제3회 대구시조문학상 수상.
현재　　대구시 북구청과 영진 전문대 출강.

참고문헌

유한근, 「대상과의 청결한 대면」, 『내가 그린 풍경』, 1990.
박진환, 「이승은의 시 세계 – 견고한 시정신과 다양한 기법」, 『시간의 물 그늘』, 1992.
문무학, 「맨 얼굴의 詩, 詩의 맨 얼굴」, 『시와 비평』 1992년 8월호.
박기섭, 「끝없는 보행의 詩」, 『길은 사막 속이다』, 1995.
유재영, 「성취의 시학, 감성의 논리」, 『현대문학』 1995년 9월호.
정해송, 「세 사람의 여류시조」, 『현대문학』 1995년 10월호.
강경호, 「이 계절의 시인」, 『열린시조』 1998년 여름호.
이우걸, 「가뿐 삶을 위무하는 모성적 언어」, 『시문학』 1998년 11월호.
이우걸, 「거친 세상 깊은 노래」, 『현대시』 1998년 12월호.
박기섭, 「안의 시간과 밖의 풍경」, 『현대시』 1999년 11월호
구모룡, 「형식의 죽음, 생(生)의 감각」, 『현대시』 2000년 8월호.
이정환, 「다양한 존재양식 읽기」, 『현대시』 2000년 12월호.